BEI GRIN MACHT SICH
WISSEN BEZAHLT

- Wir veröffentlichen Ihre Hausarbeit,
  Bachelor- und Masterarbeit

- Ihr eigenes eBook und Buch -
  weltweit in allen wichtigen Shops

- Verdienen Sie an jedem Verkauf

Jetzt bei www.GRIN.com hochladen
und kostenlos publizieren

Jeannette Prescher

"Karate-Do" - Der Weg der leeren Hand

Warum ist Karate eine Kampfkunst?

GRIN Verlag

Bibliografische Information der Deutschen Nationalbibliothek:

Die Deutsche Bibliothek verzeichnet diese Publikation in der Deutschen National-bibliografie; detaillierte bibliografische Daten sind im Internet über http://dnb.d-nb.de/ abrufbar.

Impressum:

Copyright © 2009 GRIN Verlag GmbH
Druck und Bindung: Books on Demand GmbH, Norderstedt Germany
ISBN: 978-3-640-93900-8

Dieses Buch bei GRIN:

http://www.grin.com/de/e-book/173591/karate-do-der-weg-der-leeren-hand

GRIN - Your knowledge has value

Der GRIN Verlag publiziert seit 1998 wissenschaftliche Arbeiten von Studenten, Hochschullehrern und anderen Akademikern als eBook und gedrucktes Buch. Die Verlagswebsite www.grin.com ist die ideale Plattform zur Veröffentlichung von Hausarbeiten, Abschlussarbeiten, wissenschaftlichen Aufsätzen, Dissertationen und Fachbüchern.

Besuchen Sie uns im Internet:

http://www.grin.com/

http://www.facebook.com/grincom

http://www.twitter.com/grin_com

University of Applied Sciences

HOCHSCHULE
EMDEN·LEER

Fachbereich Technik
Abteilung Elektrotechnik und Informatik

„Karate Dô" -
Der Weg der leeren Hand

Warum ist Karate eine Kampfkunst?

Studiengang:	Medieninformatik Online (Bachelor)
Fach:	Projektseminar (PRS), WS 2009/10
Verfasserin:	Jeannette Prescher
Abgabedatum:	14. Dezember 2009

Inhaltsverzeichnis

1. Einleitung

Karate wird in der heutigen Zeit viel mehr zu den Kampfsportarten als zu den Kampfkünsten gezählt. In dieser Arbeit soll „Karate Dô", was übersetzt „Der Weg der leeren Hand" bedeutet, nicht als rein sportliche, körperliche Auseinandersetzung mit einem Gegner, sondern als traditionell auf körperlichem Training und Riten basierende Charakterbildung und damit als Kampfkunst betrachtet werden.

Ursprünglich war Karate kein Kampftraining, denn dies war zur Entstehungszeit auf der Insel Okinawa verboten, sondern eine Leibesertüchtigung. Im Laufe der Entwicklung wurden vor allem zu Beginn des 19. Jahrhunderts durch zahlreiche Meister die Übungseinheiten so geprägt, dass durch die Perfektionierung der Bewegungsabläufe sowohl der Respekt vor sich selbst und dem Gegner als auch die Charakterbildung im Vordergrund steht.

Um herauszustellen, dass Karate nicht als eine körperliche Auseinandersetzung zusehen ist, sondern auf dem Weg der leeren Hand eine Kampfkunst ausgeübt wird, ist die genauere Betrachtung einer traditionellen Übungseinheit notwendig.

Das Begehen des Weges der leeren Hand beinhaltet die richtige Haltung zu sich und dem Gegner zu finden. Unterstützt wird der Karateka durch Riten, die in Verbindung zum (Übungs-) Raum, zur Kleidung, zum Meister und natürlich zum eigentlichen Training, das sogar meditative Züge für den fortgeschrittenen Schüler hat, stehen.

Ziel der Kampfkunst Karate ist es, sich mit seinem Selbst auseinanderzusetzen, den Charakter zu prägen und dadurch das Leben zu meistern.

2. Entstehung des Karate

Durch den folgenden historischen Abriss wird verdeutlicht, dass Karate dem Ursprung nach eine Kampfkunst und daher nicht allein als Kampf oder Sport zu betrachten ist.

Gab es bis zum 14. Jahrhundert keine Aufzeichnungen über die Entwicklung der Kampfkünste, besagen jedoch mündliche Überlieferungen dieser Zeit, dass karateähnliche Künste trainiert wurden. Karate, so wie es in etlichen Kampfkunstschulen unterrichtet wird, hat nach Ansicht Werner Linds [Lin99], dem Gründer des Budo Studien Kreises, seine Wurzeln auf Okinawa, welche zur Inselgruppe der Ryukyu und zur Zeit der Entstehung von Karate ein eigenständiges Königreich war. Zur Stärkung seiner Zentralgewalt und Vermeidung von Revolten verbot König Sho Hashi dem Volk präventiv jeglichen Besitz von Waffen, so dass es in der Folge der Willkür verschiedener Personengruppen, insbesondere Soldaten oder Räubern, ausgesetzt war. Um sich trotzdem gegenüber Räubern und anderen Willkürlichkeiten zu verteidigen, wandten sich viele Okinawer niederer Schichten deshalb vermehrt den Kampfkünsten zu. Die Vermittlung des Kampfsystems fand anfangs im engsten Familienkreis statt. Später suchten sich Meister ausgewählte Schüler – so, wie es heute noch ist.

Zur Besetzungszeit der Samurai Anfang des 17. Jahrhunderts schlossen sich die Menschen zu geheimen „Sekten" zusammen, die sich in Selbstverteidigung übten. So entwickelte sich in den Städten Naha, Tomari und Shuri jeweils ein eigener nach den Städten benannter (Te-)Stil: Naha-Te, Tomari-Te und Shuri-Te, die genauere Betrachtung würde den Rahmen dieser Arbeit sprengen.

Erst ab dem Ende des 17. Jahrhunderts sind nach Lind [Lin99] Lehrende der verschiedenen Stile namentlich bekannt, zum Beispiel Sakugawa, Sanaeda und Higaonna.

Mit dem Ende des 19. Jahrhunderts und der Abdankung des Königs von Ryukyu wurde die Inselgruppe offiziell an Japan angegliedert. Dabei kam es nach dem deutschen Karatepionier Albrecht Pflüger [Pfl92] unter anderem zur Gruppierung der oben genannten Kampfstile in so- genannte Ryu (deutsch: *Stil, Schule*), die größtenteils bis heute überliefert sind und weiter ausgeübt werden.

Etwa 1905 wurde durch den Karate-Meister Itosu das Karate ein Teil des schulischen Unter- richts. Im Curriculum waren grundlegende Bewegungsformen, die sogenannte Kata, vorgese- hen. Im Vordergrund dieser Kata steht seither der gesundheitliche Aspekt wie beispielsweise Bewegung und Atmung. Das Erlernen von Kampftechniken und -methoden wurde verdrängt.

1922 veröffentlichte der Karate-Meister Gichin Funakoshi seinen Karate-Lehrstil, welcher, wie er in seinem Buch „Karate-Do – Mein Weg" schreibt, unter anderem aus „[...] verschiedenen Stellungen, Kata und Arm- und Beinbewegungen [...]" bestand und bereits klare Abgrenzun- gen zum Kampf und Sport beinhaltete [Fun93].

Im Laufe der Zeit änderte sich das okinawische Karate durch den Einfluss des japanischen Budô. Das klassische Üben von Bewegungsformen (Kata), das bei Funakoshi im Vordergrund stand, konnte die Japaner nicht ausreichend überzeugen. Funakoshi erkannte, dass nur mit einem sportlichen Aspekt, wie zum Beispiel dem Wettkampf, das Karate in Japan überleben würde. Daraufhin erlaubte er neben dem Bunkai (Anwendungsform der Kata) weitere Formen des Partnerkampfes, dem sogenannten Kumite. Dies gehört bis heute zum festen Bestandteil des Karate-Trainings. Erst im Jahre 1933 wurde die Kampfkunst offiziell in Japan anerkannt.

Um während der Besatzung Japans nach dem Zweiten Weltkrieg Karate lehren zu können, wurde es nicht als Kampfsport sondern als Leibeserziehung angesehen. Zu verdanken war dies Funakoshis Kontakten zu den Ministerien. Amerikanische Besatzer brachten die Übungen schließlich mit in die USA und später nach Europa, wo sich die Anhänger und Schulen rasch vermehrten.

Die japanische Sprache ist trotz der Verbreitung des Karate auf allen Kontinenten auch in den letzten 100 Jahren überall fester Bestandteil des Trainings geblieben. Nach Lübke [Lüb90] ist in vielen Bezeichnungen und Begriffen, aber auch in den Ritualen Japanisch mit seinen kurzen, artikel- und geschlechtlosen Worten allgegenwärtig.

3. Aufbau einer traditionellen Übungseinheit

Grundsätzlich basieren Karate-Übungseinheiten auf den drei großen Bereichen Grundschule (Kapitel 3.2 „Das Kihon"), Bewegungsform (Kapitel 3.3 „Die Kata") und Kampf (Kapitel 3.4 „Das Kumite").

Je nach Sensei (deutsch: *Lehrer*) und den Übenden kann sich der Aufbau einer Übungseinheit unterscheiden. Generell werden Erkenntnisse über die menschliche Physiologie im Bezug auf das Alter und den Gesundheitszustand der Übenden berücksichtigt. In ihrem Werk „Modernes Karate" vertreten die Verfasser Okazaki und Stricevic [OkS98] die Auffassung, dass das Geschlecht keine Grenzen für die Übungseinheiten darstellt. Man findet in den verschiedenen Schulen oder Clubs Trainingsgruppen, die auf das Alter sowie die Graduierung der Schüler abgestimmt sind.

Bevor das Bewegungstraining beginnt, stimmt man sich mit der rituellen Vorbereitung mental ein. Dies ist notwendig, um offen für die angestrebte Perfektion der Bewegungen, das Einschätzen eines möglichen Gegners und den Fortschritt auf dem Weg der leeren Hand zu sein.

3.1. Die Vorbereitung

Zur Vorbereitung auf das eigentliche Karate-Training zählt die Aufwärmphase. Diese dient nicht nur der Prävention vor gesundheitlichen Schäden, sondern vielmehr zur geistigen Einstimmung auf den Unterricht. Okazaki und Stricevic vertreten daher auch die Meinung [OkS98], dass die Phase des Aufwärmens den Übenden dabei unterstützt, seinen Körper auf die nachfolgenden Belastungen des Trainings vorzubereiten.

Die Aufwärmübungen bestehen aus einer Kombination von Laufen, Gymnastik und Dehnungsübungen. Die einzelnen Kombinationen sind wiederum abhängig von den Schülern. So besteht das Aufwärmtraining bei Kindern meist eher aus spielerischen Elementen, während sich das Senioren-Training nach dem individuellen Gesundheitszustand richtet.

Nach den bereits genannten Autoren Okazaki und Stricevic erfordert bereits das Aufwärmen „[...] einwandfreie Körperhaltung, Gleichgewicht, Flexibilität, Koordination und geistige Konzentration [...]" [OkS98]. Weiter empfehlen sie:

1. Auswahl von Übungen, die ohne Gefahr einer Verletzung ausgeübt werden können.
2. Auswahl von Übungen für genau die Muskelgruppen, die im späteren Übungseinheiten-Verlauf trainiert werden.
3. Sinnvolle Anzahlbegrenzung der Übungen um ein optimales Aufwärmen zu ermöglichen.

Zum Ende der Aufwärmphase folgen im Übergang zum eigentlichen Karate-Training Übungen, die dem Konditions- und Graduierungsstand der Trainierenden entsprechen. Bei Anfängern besteht dieser Teil aus einer hohen Widerholungsrate von einzelnen Grundtechniken und einfachen Kombinationen. Die langsame und korrekte Ausführung steht dabei im Vordergrund. Beim fortgeschrittenen Karateka liegt das Hauptaugenmerk auf der schnellen und kraftvollen Ausübung der komplexeren Technikkombinationen, deren Perfektionierung Teil des Weges der leeren Hand ist.

3.2. Das Kihon

Unter dem Begriff Kihon sind die Basistechniken des Karate gemeint, er findet jedoch auch in anderen Kampfkünsten Verwendung. Werner Lind [Lin99] schreibt, dass das Wort sich einerseits aus „Ki", welches übersetzt Kraft, Energie bedeutet, andererseits aus „Hon", welches für Basis, Ursprung steht, zusammensetzt.

Das Kihon-Training bildet die Grundlage für jegliche Karate-Übungen. Es werden Techniken angewandt, die eine festgeschriebene Form aufweisen.

So erlernt man durch stetige Wiederholung beispielsweise das Koordinieren von Armen und Beinen während einer Körperdrehung, was häufig Anwendung bei den Bewegungsformen (Kapitel 3.3 „Die Kata") findet. Diese einfachste Art des Kihon wird Kihon waza (deutsch: *Basistechniken*) genannt.

In der Jiyu waza-Art (deutsch: *freie Techniken*) hingegen werden die Techniken in freier Bewegung geübt, die größere Bedeutung für das Kampftraining (Kapitel 3.4 „Das Kumite") haben.

Eine mögliche Gruppierung der zu trainierenden Grundelemente zeigt die nachfolgende Abbildung. Neben den verschiedenen Arm- und Beintechniken schult man die optimale Körperhaltung in unterschiedlichen Körperstellungen beziehungsweise Körperpositionen.

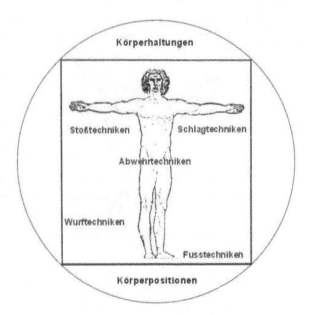

Abbildung 1: Gruppenelemente der Karate-Grundschule

Das Kihon bildet somit die Grundlage für die Kata und das Kumite, die im Folgenden erläutert werden.

3.3   Die Kata

Die Kata (deutsch: *Form, Gestalt*) wird oft als „Herz der Kampfkunst" bezeichnet und gilt als Bindeglied zwischen dem Kihon und dem Kumite (siehe nachfolgendes Kapitel). Sie beinhaltet festgeschriebene Bewegungsabläufe gegen mehrere imaginäre Gegner. Für den Nicht-Karateka wirkt eine Kata wie eine Aneinanderreihung von Schlag-, Stoß-, Tritt- und Abwehr-techniken in verschiedene Himmelsrichtungen.

Karateka hingegen setzen sich während des Ablaufes mit den eigenen Schwächen und Stär-ken auseinander. Daher wird der Ablauf nach dem deutschen Bundestrainer Karamitsos [BiK92] auch als „Meditation in der Bewegung" verstanden. Im Buch „Karate – die Kunst des leeren Selbst" [Web89] des Karate-Meisters Terrence Webster-Doyle wird dieser Aspekt so verdeutlicht: „Wenn wir die Kunst des Karate mit Liebe, Hingabe und mit Schönheit in den Be-wegungen ausüben, gibt sie unserem Körper Würde und Anmut, was wiederum unserem Geist Würde und Anmut verleiht. Unsere Bewegungen werden ebenmäßig, fließend und elegant. Verfeinerung in der Form und in der Art, wie wir uns bewegen, wirkt sich auf unsere Beziehung mit anderen Menschen aus" [Web89].

Neben dem psychologischen Aspekt dient die Kata unter anderem der Technik-, Atmungs- und Rhythmusschulung. Ferner steigert Kata-Training die Konzentrations- und Koordinationsfähig-keit.

Wie bereits im ersten Kapitel erwähnt, wurde Karate im Geheimen trainiert. Man übte meist verschiedene Kata, da in ihnen das Wissen der Kampfkunst liegt. Dieses wird heute noch vom Meister zum Schüler weitergegeben. Sascha Wagner sieht in seinem Buch „Bumon – Das Wissen der Kampfkunst Karate-do" die Kata „[...] als Schatz voller Wissen, der Schritt für Schritt entschlüsselt werden muss" [Wag07]. Dies ist ein Grund, warum es in jedem Karatestil eine Vielzahl von verschiedenen Bewegungsformen gibt. Die einzelnen Kata unterscheiden sich in ihrer Komplexität bezüglich des Ablaufs der kombinierten Einzeltechniken und den da-mit verbundenen Körperpositionen sowie dem Rhythmus. So besteht zum Beispiel die Kata „Taikyoku Shodan", die Anfängern gelehrt wird, aus vermeintlich einfachen Technikkombinati-onen. Hingegen werden in höheren Kata, wie sie Fortgeschrittene trainieren, Technikkombina-tionen mit mehreren Elementen und dem richtigen Einsatz von Ruhe- und Anspannungspas-sagen gefordert.

In seinem Werk „25 Shotokan-Katas" zählt Pflüger die allgemeinen Merkmale der verschiede-nen Kata wie folgt auf:

- Festgelegte Reihenfolge und Richtung in Bezug auf jede Technik und jede Bewegung.
- Die erste Technik ist eine Abwehrtechnik.
- Der Startpunkt ist grundsätzlich der Endpunkt (vergleiche Abbildung 2).
- Der Ablauf folgt einem bestimmten Schrittdiagramm, dem sogenannten Embusen.
- Die Bedeutung jeder Technik und jeder Bewegung muss klar verstanden sein. Die Aus-führung erfolgt zunächst bewusst, später auch unbewusst [Pfl92].

In der nachfolgenden Abbildung ist eine Bewegungsform aus dem Anfängerbereich abgebildet. Parallel zum Embusen sind die dazugehörigen Techniken und Körperpositionen dargestellt. Durch die dunklen Balken wird der Rhythmus offenbart.

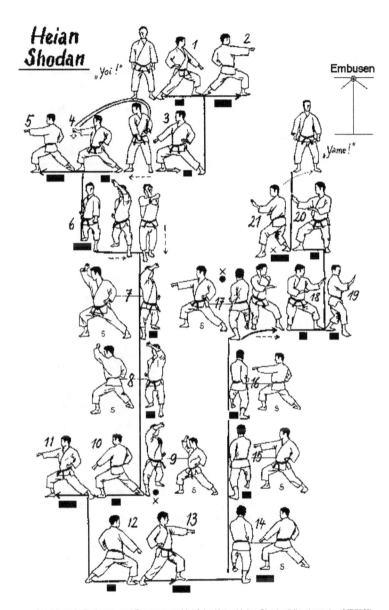

Abbildung 2: Embusen und Bewegungsablauf der Kata „Heian Shodan" (basierend auf [Pfl92])

Die Techniken der Kata stellen außerdem eine Vorbereitung für das Kumite dar, da sowohl Angriffe als auch Verteidigungen geübt werden.

3.4. Das Kumite

Karate-Übungen, bei denen die verschiedenen Techniken in Form eines Kampfes mit einem realen Partner trainiert werden, bezeichnet man als Kumite. Im japanischen Sinn charakterisieren Karateexperten diesen Trainingsbereich auch als „Begegnung der Hände". Lind [Lin99] übersetzt den Begriff als „Partnerkampf" beziehungsweise „Partnerübung".

Je nach Fertigkeiten und Wissensstand trainieren die Karateka unterschiedliche Formen des Kumite. Abgesprochene Übungen, das sogenannte Yakusoku kumite, praktizieren hauptsächlich Karateka im Anfängerbereich. Die Trainingspartner treffen Absprachen bezüglich der Angriffs-, Abwehr- und Kontertechniken. Ebenfalls einigen sie sich auf die Anzahl der Techniken. Wie in Abbildung 3 dargestellt, gliedern sich die abgesprochenen Partnerübungen in vier verschiedenen Unterformen auf.

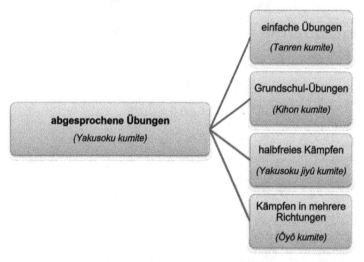

Abbildung 3: Einteilung der abgesprochenen Übungsformen

Der Grundgedanke des Yakusoku kumite ist einerseits die Schulung der Technik (in Bezug auf die Exaktheit sowie den Krafteinsatz) und der Form des Bewegens (beispielsweise mögliche Ausweichbewegungen). Andererseits stärken die Übungen unter anderem das Wahrnehmungsvermögen, das Distanzgefühl und eine wache Geisteshaltung.

Um den Grundgedanken zu verinnerlichen, trainieren Anfänger zu Beginn die einzelnen Techniken mit hohen Wiederholungsraten. Mit wachsendem Fertigkeitsstand wechseln allmählich die einfachen Bewegungselemente über schwierigere Technikkombinationen hin zu kampfähnlichen Übungen.

Für fortgeschrittene Schüler bilden die Formen des Jiyû kumite, das übersetzt „freies Kämpfen" bedeutet, den Gegensatz zum Yakusoku kumite. In diesen Kumite-Formen gibt es grundsätzlich keine Absprache unter den Trainingspartnern. Die verschiedenen Techniken werden beliebig ausgewählt und angewendet ohne dem Partner die „Kampfstrategie" offen zu legen.

In der Abbildung 4 sind die verschiedenen Jiyû kumite-Varianten dargestellt. In diesen Varianten ist es möglich, dass der Einzelne mehreren Angreifern begegnet und dementsprechend agiert.

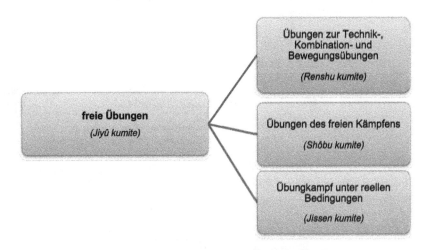

Abbildung 4: Einteilung der freien Übungsformen

Um den Jiyû kumite-Bereich zu perfektionieren, ist das Kihon von Wichtigkeit. Erst nachdem die Basis vorhanden ist, lernt der Schüler seinen Körper im freien Bewegungsfluss zu beherrschen, den Krafteinsatz in der freien Technikausführung zu entwickeln und letztlich das Gleichgewicht bei jeglichen Aktionen zu halten. Ohne diese Fähigkeiten ist das freie Kämpfen nicht möglich.

Die Reduktion des Karate auf das Jissen kumite, wie es heute oft in Sportwettkämpfen praktiziert wird, entspricht nicht dem traditionellen „Weg der leeren Hand". Denn es wird nur die Anzahl der nicht abgewehrten Treffer von mindestens einem Kampfrichter gewertet, anstatt die eigenen Stärken und Schwächen für sich selbst zu reflektieren.

Sascha Wagner spricht in seinem Buch „Bumon – Das Wissen der Kampfkunst Karate-do" von einer weiteren Kumite-Variante, welche Dôjô kumite genannt wird. Der Unterschied zur vorherig genannten Form besteht laut Wagner darin, dass die Trainingspartner selbst als Kampfrichter fungieren. Er beschreibt das Vorgehen wie folgt: „Bei einem erfolgten Treffer muss der Getroffene selbst entscheiden, ob er ihn anerkennt oder nicht" [Wag07]. Es zeigt, dass nicht allein das körperliche Training eine Rolle spielt, sondern auch die Formung des Charakters.

Durch zahlreiche Riten, die im nächsten Abschnitt näher erläutert werden, wird diese Formung unterstützt. Sie ist auf dem Weg der leeren Hand unabdingbar.

4. Riten

Traditionelles Karate ganzheitlich betrachtet besteht wesentlich aus Riten. Angefangen vom Übungsort, über die Kleidung, bis hin zum Weg der leeren Hand, den man nicht alleine gehen kann.

4.1. Das Dôjô – ein Raum der Erleuchtung

Unter dem Begriff Dôjô, wird der Ort verstanden an dem „der Weg" ausgeübt wird. Dabei spielt es keine Rolle, ob man Karate oder eine andere Kampfkunst praktiziert.

Werner Lind versteht in seinem Buch „Budo. der geistige Weg der Kampfkünste" diesen Ort nicht als einen „[...] Trainingsraum, sondern als einen heiligen Ort, den man auch noch ‚Raum der Erleuchtung' nennt [...]" [Lin04]. Es sei aber bedacht, dass es von dem Karateka selbst abhängt, wie er „den Weg" beschreitet. Dies kann für ihn eine Stelle in der freien Natur wie auch speziell hergerichtete Räumlichkeiten sein, aber auch der Raum, den die Übung im eigenen Leben einnimmt. Ein hergerichteter Trainingsraum, wie man ihn heute Asien findet, zeigt die Abbildung 5.

Abbildung 5: Einblick in ein traditionelles Dôjô [Fol08]

Lind verdeutlicht in seiner Veröffentlichung [Lin04], dass der Übende eine Beziehung zum Dôjô unterhält, die sich im Zusammenspiel zwischen Konzentration des Geistes und des Körpers als Teil der Wegübungen widerspiegelt. Dies bedeutet aber nicht zwangsläufig, dass jeder Karateka die tiefere Bedeutung des Dôjô versteht und erlernt. Denn erst die rechte Haltung, das sogenannte Shisei, vervollkommnet die Dôjô-Beziehung und ermöglicht nach Expertenaussage den wahren Fortschritt in der jeweiligen Kampfkunst. Webster-Doyle drückt das in seinem Werk „Karate – Die Kunst des leeren Selbst" wie folgt aus: „Wenn wir das Dôjô betreten, können wir die Ordnung und die natürliche Übereinstimmung mit der Seinsweise der Dinge spüren" [Webs89].

Als Unterstützung im Aufbau der rechten Haltung zum Dôjô hängt in einem traditionellen Dôjô ein Regelwerk aus, das die Schüler zu beachten haben. Nach Lind [Lin99] ist das Regelwerk aus dem sogenannten Dôjôkun abgeleitet und enthält eine praktische Anleitung zur Übung des

Shisei. Des Weiteren schreibt er, dass der Meister Funakoshi das Dôjôkun zu den heute bekannten 20 Regeln des „Shôtô nijûkun" erweitert hat.

Neben den Regeln werden verschiedene Riten vom Meister zum Schüler weitergegeben. Beispielsweise beim Betreten und Verlassen des Dôjô verbeugen sich traditionell die meisten Karateka, um sich die Besonderheit des Raumes zu vergegenwärtigen.

4.2. Der Dôgi – ein Begleiter auf dem Weg

In vielen Sportarten gibt es verschiedene Kleidungsvorschriften. Karatekas nutzen für das Training einen Dôgi, auch bekannt als Karategi. Die nachfolgende Abbildung zeigt die einzelnen Elemente der Kleidung bestehend aus Ugawi (deutsch: *Jacke*), Zubon (deutsch: *Hose*) und jeweils einem Obi (deutsch: *Gürtel*).

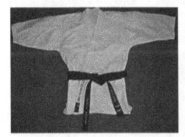

Abbildung 6: Elemente des Dôgi und der verschiedenfarbigen Obi

In der Regel ist der Anzug weiß, wobei in der japanischen Kultur die Farbe Weiß einerseits für den Tod andererseits für die Reinheit steht. Sascha Wagner geht in seinem Buch „Bumon – Das Wissen der Kampfkunst Karate-Do" sogar noch weiter und schreibt, die weiße Kleidung symbolisiere eine Reinheit, die die Alltagskleidung nicht aufweise und somit die Grenzen zwischen Leben und Tod auflöse [Wag07]. Auf das Training im Dôjô bezogen, bemühen sich die Karateka, philosophisch betrachtet, das Leben zu sehen und ihre Grenzen zu erweitern.

Das rituelle Binden des Gürtels erlernt der Karate-Schüler bereits zu Beginn seiner Ausbildung. Ähnlich verhält es sich mit dem Zusammenfalten des Anzuges nach den Übungen.

Wie auf der obigen Abbildung deutlich zu sehen, werden in der heutigen Zeit Farben in Form von Gürteln verwendet. Die Gürtelfarbe (siehe Tabelle 1) zeigt den Fortschritt des Karateka an.

Gürtelfarbe	Einteilung/Einstufung
Weiß	
Gelb	
Orange	Schüler – Grade
Grün	(Kyu)
Blau	
Braun	
Schwarz	Meister – Grade
Rot-Weiß	(Dan)

Tabelle 1: Graduierungseinteilung nach Gürtelfarbe

Auf die Kyu- und Dan-Nennung wird hier verzichtet, da das von Schule zu Schule unterschied-lich gehandhabt wird. Meist gibt es zehn Schülergrade sowie zehn Meistergrade.

Die Graduierung ist nicht als rein sportliche Messlatte zu betrachten, sondern als Fortschritt des Karateka auf seinem Weg.

4.3.   Der Sensei – ein Wegweiser

Wie bereits im dritten Kapitel erwähnt wird der Lehrer im Karate mit „Sensei" betitelt. Für Viele ist heute jeder Schwarzgurtträger ein Meister und somit ein „Sensei".

Im Gegensatz zum europäischen Denken, wo der Meister Wissen und Können vermittelt und der Schüler dessen Verhalten kopiert, weist er traditionell gesehen den Schülern den Weg. Da er bereits selbst auf dem Weg der leeren Hand schreitet, kennt er die Weghindernisse und weiß, wie er seine Schüler über diese Grenzen leiten kann.

„Die Lehrmethode vom Meister zum Schüler soll hierbei durch Überlieferung von ‚Herz zu Herz' (japanisch: *ishin denshin*), den Prinzipien des Zen entsprechend, weitergegeben wer-den", argumentiert der hamburgische Landestrainer Azadi in seinem Artikel „Karate-Do – Der Weg der leeren Hand" [Aza03]. Denn dadurch wird vermittelt, dass nicht Sieg oder Niederlage entscheidend beim Erlernen und Üben seien, sondern die Vervollkommnung des eigenen Cha-rakters.

Als Schüler begegnet man seinem Meister nicht nur mit Respekt, sondern mit wahrer Hoch-achtung, die für Karateka das Wesen der Kunst des Karate ist. Dies spiegelt sich unter ande-rem im rituellen Begrüßungs- und Bedankungsverhalten wieder.

4.4.   Die Meditation – ein Pflasterstein auf dem Weg

Die stetig wiederkehrenden Riten zum Beispiel das Angrüßen und Abgrüßen zu Beginn der Übung, zwischen einzelnen Kata oder zur Verabschiedung, stellen meditative Bestandteile des Karate dar. Die immer wieder ähnlich auftretenden Bewegungsabläufe in den Kata sind für höhere Schüler Bestandteil des Weges und der geistigen Ausgeglichenheit.

Historisch betrachtet, basieren sowohl der Weg als auch alle meditativen Elemente des Karate auf den asiatischen Religionen wie beispielsweise dem Zen-Buddhismus. Auf die genauere Betrachtung wird im Rahmen dieser Arbeit nicht eingegangen.

5. Zusammenfassung und Ausblick

Karate ist für den fortgeschrittenen Schüler, wenn man es auf dem traditionellen Weg der leeren Hand übt, eine Auseinandersetzung mit dem eigenen Ich. Durch das Üben und ständige Wiederholen wird die Perfektion von Kihon, Kata und Kumite angestrebt. Dabei entwickelt sich nicht nur die optimale Technik, sondern auch die Einstellung zum Leben, indem man sich zwangsläufig mit sich selbst und dem Gegner auseinandersetzt.

Diese Charakterbildung wird unterstützt durch Riten, wie beispielsweise das An- und Abgrüßen. Der Fortschritt auf dem Weg der leeren Hand spiegelt sich unter anderem in der respektvollen Haltung zum Dôjô sowie zum Dôgi wider und besonders im Auftreten des Schülers gegenüber seinem Meister.

Die kurzsichtige Betrachtungsweise und mögliche Ausübung des Karate als Kampfsport wird auf Dauer der Kampfkunst eines Altmeisters unterlegen sein, da dieser Karate als Bestandteil seines Lebens betrachtet. Die Entwicklung, dass in der heutigen Zeit allerdings nur noch wenige Menschen bereit sind, den lebenslangen Weg der leeren Hand zu durchlaufen, impliziert die Gefahr, dass das traditionelle Karate ausstirbt beziehungsweise durch reinen Wettkampfsport ersetzt wird. Dies ist als kritisch zu betrachten, da hier kulturelle und religiöse Werte verdrängt und durch austauschbare Fitness-Übungen ersetzt werden.

6. Glossar

Budô	Oberbegriff für alle japanischen Kampfkünste
Bunkai	Aufgliederung, Analyse und Studium der verschiedenen Kampfkünste
Dô	Weg, Pfad, Grundsatz, Lehre
Dôgi	Traditionelle Kleidung des Karateka
Dôjô	„Ort an dem der Weg geübt wird" aber auch Begriff für eine buddhistische Meditationshalle
Dôjôkun	Verhaltensregeln, für den Ort an dem der Weg geübt wird
Dôjô kumite	Kampfform bei der die Trainingspartner entscheiden, ob ein Treffer gültig ist
Embusen	Schrittdiagramm
Ishin denshin	„Herz zu Herz"
Jiyû kumite	Freies Kämpfen; Freikampf
Jiyû waza	Freie Technik(en)
Jô	Platz, Ort, Stelle
Jôdan	Obere Angriffsstufe (Kopf-/Halsbereich)
Karate Dô	„Weg der leeren Hand"
Karategi	Siehe Dôgi
Karateka	Ausübender des Karate
Kihon	Grundschule
Kihon waza	Basistechnik(en)

Kiso waza	Grundlegende Einzeltechnik eines Kampfkunststils
Kumite	Partnerübung, Partnerkampf
Obi	Gürtel des Dôgi
Renzuko waza	Kombinationstechnik(en)
Ryu	Stil, Schule
Sensei	Lehrer, Professor, Meister
Shisei	Nach [Lin99]: „Bezeichnung für die Einheit der physischen und psychischen Haltung"
Uwagi	Jacke des Dôgi
Zubon	Hose des Dôgi

7. Verzeichnisse

7.1. Literaturverzeichnis

[Aza03]   **Azadi, Samad.** 2003. *Karate-Do - "Der Weg der leeren Hand".* Hamburg: URL:
            http://www.hamburg.emb-japan.go.jp/kultur/jaeb/dinfo672.pdf, 2003. Abruf: 30.
            10. 2009 in: Japanisches Generalkonsulat Hamburg (Hrsg). 2003. *JAPAN auf*
            einen BLICK, Ausgabe 72 / März 2003, Hamburg.

[BiK92]   **Binhack, Alex, Karamitsos, Efthimios.** 1992. *Karate-Do Philosophie in der*
            Bewegung. Wiesbaden: Selbstverlag, 1992.

[Fol08]   **Folisus.** 2008. *Tenshin dojo (Ki Society International, Hauptsitz).* URL:
            http://www.flickr.com/photos/foliosus/sets/72157606928718193/, 2008. Abruf:
            15. 11. 2009

[Fun93]   **Funakoshi, Gichin.** 1993. *Karate-do Mein Weg.* Heidelberg-Leimen: Werner
            Kristkeitz Verlag, 1993.

[Lin99]   **Lind, Werner.** 1999. *Das Lexikon der Kampfkünste: China, Japan, Okinawa,*
            Korea, Vietnam, Thailand, Burma, Indonesien,Indien, Monoglei, Phillippinen,
            Taiwan u.a.. Berlin: Sportverlag Berlin, 1999.

[Lin04]   **Lind, Werner.** 2004. *Budo. der geistige Weg der Kampfkünste.* Frankfurt: O.W.
            Barth Verlag, 2004.

[Lüb90]   **Lübke, Diethard.** 1990. *Japanisch schnell & leicht.* Berlin: Langenscheidt, 1990.

[OkS98]   **Okazaki, Teruyuki, Stricevic, Milorad V..** 1998. *Modernes Karate. Das große*
            Standardwerk. Niedernhausen/Ts.: Bassermann, 1998.

[Pfl92]   **Pflüger, Albrecht.** 1987/1992. *25 Shotokan-Katas.* Niedernhausen/Ts.: Falken-
            Verlag GmbH, 1987/1992.

[Wag07]   **Wagener, Sascha.** 2007. *Bumon - Das Wissen der Kampfkunst Karate-Do.*
            Dortmund: Hakutsurukan Publishing, 2007.

[Web89]   **Webster-Doyle, Terrence.** 1989. *Karate - Die Kunst des leeren Selbst.*
            Heidelberg: Werner Kristkeitz Verlag, 1989.

7.2.   Abbildungsverzeichnis

7.3.   Tabellenverzeichnis

www.ingramcontent.com/pod-product-compliance
Lightning Source LLC
La Vergne TN
LVHW042318060326
832902LV00010B/1577